AF582697

Peal de Becerro durante el siglo XIX.
Sociedad, Instrucción Pública y onomástica.

José Antonio Quesada Montilla

www.edicionesrubeo.com

ISBN: 978-84-126020-5-0

«Cuando con parsimonia y detenimiento consideramos cuan útil y necesario es á todos el estudio de la historia, cuando madura y detenidamente reflexionamos cuan pocos son los que con intensa aplicación se dedican á este ramo del saber humano, experimentamos necesariamente un vivo disgusto que apena demasiado á nuestro corazón. Porque, ¿qué es el hombre sin la historia? Lo que dijo el padre de la elocuencia romana, un infante, un ser que solo alcanza lo que hiere positivamente sus sentidos, un hombre para quien lo que pasara es nada, lo presente todo, y lo porvenir indefinible».

Juan de la Cruz Martínez, 1842
Memorias sobre el partido judicial de Segura de la Sierra

Introducción

Aunque en mi primer libro sobre la Historia de este pueblo[1] ya se recogía una visión general sobre el siglo XIX pealeño, este trabajo pretende ahondar en algunos aspectos importantes de la vida del municipio que, en la obra mencionada, no pudieron desarrollarse como merecían.

Por consiguiente, esta modesta investigación pretende aportar a la Historia de Peal de Becerro un estudio más profundo —lógicamente y, en ningún caso, definitivo— de su estructura socioeconómica, aspecto clave para entender nuestro pasado colectivo y su posterior evolución, teniendo en cuenta las más recientes novedades historiográficas que en esta vertiente han ido apareciendo y que vienen a cuestionar, en la mayoría de los casos, esa visión tradicional de un mundo rural andaluz sumido en la estanqueidad política y social.

También hemos considerado de vital importancia, para lograr una radiografía precisa de la

---

[1]Véase Quesada Montilla, José Antonio: *De Tugia a Peal de Becerro. Aproximación a su Historia*. Ediciones Rubeo, 2019.

nueva sociedad que emergía de las ruinas del Antiguo Régimen, analizar someramente uno de los pilares fundamentales en los que debía asentarse el futuro de progreso a que aspiraba el paradigma liberal que iba imponiéndose, no sin dificultad, a medida que avanzaba el siglo y suponía una auténtica novedad revolucionaria respecto a épocas precedentes: la instrucción pública.

Y, por último, hemos querido investigar la onomástica local, que siempre aporta una importante información para el estudio de la cultura y las mentalidades de una sociedad, centrándonos en los nombres de pila de sus habitantes.

Así pues, esperamos que los trabajos recogidos en este volumen supongan una aportación interesante en la recuperación del patrimonio histórico de Peal de Becerro porque, como decía Max Webber, nunca sabremos lo que somos si no sabemos cómo hemos llegado a ser lo que somos.

Los albores de un municipio

Al inicio del siglo XIX, Peal de Becerro es todavía una pequeña población agraria dependiente política y administrativamente de Cazorla. En general, el siglo XVIII en Jaén ha sido de crecimiento económico[1] dentro de los limitados esquemas socioeconómicos característicos del Antiguo Régimen. Esos tiempos de bonanza, sin embargo, van a cesar de forma abrupta con la invasión napoleónica, que desangrará al país y lo sumirá en un estado de postración sin precedentes desde la guerra de Sucesión un siglo antes. Paralelamente a los estragos de la guerra se producen dos acontecimientos que marcarán el devenir futuro de la nación española. Por un lado, estalla un proceso revolucionario que terminará poniendo fin al régimen feudal con la proclamación de la Constitución liberal de 1812 y, por otro e íntimamente ligado a los acontecimientos peninsulares, el inicio de los procesos secesionistas de los territorios de ultramar.

---

[1]Sánchez Salazar, Felipa: «La presión sobre los espacios incultos y el crecimiento agrario en tierras de Jaén». *BIEG*, nº 116, pp. 211-242.

Tras el fin del conflicto armado con el invasor y el regreso al trono de España de Fernando VII, conspicuo monarca absolutista, este cercena de un tajo —traicionando sus compromisos y sus promesas— cualquier veleidad liberal en un intento de regresar a las estructuras del Antiguo Régimen. Sin embargo, a pesar de las convicciones tradicionalistas del rey, el liberalismo conseguirá imponerse durante el trienio 1820-1823. Será en este momento cuando la mesocracia de base agraria pealeña, que se ha ido gestando durante las últimas décadas del siglo XVIII y que ha sobrevivido a los desastres de la Guerra de la Independencia, formulará por primera vez su deseo de constituirse en un municipio propio acogiéndose a la normativa vigente en 1822, derivada de la legislación liberal del año 12 y que se recogía en el Decreto de 23 de mayo[2]. Este primer intento carecería de virtualidad política o jurídica alguna, ya que una vez restituido Fernando VII como monarca

---

[2]Para el seguimiento en profundidad de todo el proceso de segregación de Cazorla y constitución del ayuntamiento de Peal de Becerro como entidad municipal independiente resulta imprescindible el trabajo de Mata Carmona, Juan Carlos: «Aportación documental para el estudio para el estudio de la emancipación de Peal de Becerro. Rescate de una historial local». *Elucidario*, nº 8, septiembre de 2009, pp. 251-259.

absoluto por las bayonetas francesas de «Los cien mil hijos de San Luis», este pondría fin —nuevamente— a la experiencia liberal en 1823 barriendo de un plumazo toda la legislación del trienio. En consecuencia, la Real Orden que reconocía a Peal de Becerro como municipio independiente quedaba derogada.

El rey del «caminemos francamente y yo el primero por la senda constitucional» declaró «nulos y sin ningún valor todos los actos del gobierno llamado constitucional -de cualquiera clase y condición que sean- que ha dominado a mis pueblos desde el 7 de marzo de 1820 al 1 de octubre de 1823...»[3]. La «independencia» efectiva de nuestra localidad aún debería esperar más de veinte años.

Lo que sí se había producido con antelación era la «independencia espiritual» que Juan Carlos Mata sitúa con anterioridad a 1769 con la independencia de su parroquia de la de Santa María de Cazorla. «(...) Y teniendo en cuenta que esta demarcación parroquial sirvió como base para la segregación territorial de 1847, parece acertado decir que Peal de Becerro tiene jurisdicción espiritual propia sobre el territorio

[3]Citado por Mata Carmona, Juan Carlos: *Op. Cit.* p. 254.

que actualmente posee desde finales del siglo XVIII»[4].

Será en época isabelina, y ya apagados los fuegos —los rescoldos permanecerían, con más o menos intensidad, hasta la guerra civil de 1936-1939 un siglo más tarde— de la primera guerra carlista, cuando con la nueva ley de Ayuntamientos y al amparo de la nueva legislación liberal se retomase el proceso de segregación política de Peal de Becerro.

Paralelamente, a partir de 1837 se había iniciado a nivel nacional un proceso desamortizador que afectaba fundamentalmente a la Iglesia, pero también a los bienes comunales de los municipios, lo que conllevaría el traspaso de la propiedad de los bienes enajenados a manos de la pequeña nobleza y de una incipiente burguesía urbana de carácter absentista. Pero también, y este fue mayoritariamente el caso pealeño, a manos de pequeños propietarios y campesinos acomodados que representaban a la incipiente mesocracia rural, siempre deficientemente estudiada.

Este fenómeno permitió a los propietarios el «(...) aumento de las superficies dedicadas a la producción de alimentación de gran demanda

---

[4]Citado por Mata Carmona, Juan Carlos: *Op. Cit.* p. 253.

(...). La especialización de cultivos se vio incrementada, dado que la diversificación productiva fue compatible con la dedicación de la mayoría de las explotaciones al monocultivo cerealícola, al viñedo y al olivar»[5]. Si bien con el proceso desamortizador el campesinado perdió unos de sus modos tradicionales de subsistencia, lo que al inició ocasionó no pocos conflictos, también se produjo un aumento paulatino de tierras en arrendamiento. El campesinado se vio abocado «(...) a redefinir sus estrategias reproductivas: asegurar el acceso a la tierra —preferentemente en propiedad—, profundizar en la especialización productiva y reorientar sus antiguas prácticas "multiusos" hacia la diversificación de los ingresos a través del mercado»[6]. Es en este punto de cambio social en el campo andaluz donde podemos situar el inicio de la expansión exponencial del olivar jienense.

Las nuevas relaciones sociales de producción, que se van imponiendo en el agro español al socaire de la economía de mercado en marcha, están en el fondo del interés de las nuevas

[5]Cobo, Francisco *et al.*: «Privatización del monte y protesta campesina en Andalucía Oriental (1836-1920)». *Agricultura y Sociedad*, nº 65, octubre-diciembre, 1992, pp. 254-255.
[6]*Ibídem*. p.256.

clases agrarias —que aspiran a convertirse en las élites del nuevo mundo municipal— para retomar los expedientes de segregación anulados por el absolutismo fernandiano. Peal de Becerro es un caso paradigmático en este aspecto. Estos «(…) nuevos burgueses, los que con un nivel cultural mínimo pero suficiente, y conocedores por inducción de sus empleadores o por asimilación con otras cercanas localidades, de las ventajas de emanciparse de sus matrices, retoman los derogados expedientes de segregación y los impulsan al amparo de la nueva legislación»[7]. No en vano, los impulsores del expediente de segregación serán en el futuro quienes detenten los principales cargos en el gobierno municipal del nuevo Ayuntamiento de Peal de Becerro. A varios miembros de la familia del Real, por ejemplo, los veremos todavía en el siguiente siglo con responsabilidades municipales en las corporaciones de la Restauración y del régimen de Primo de Rivera. Su adscripción ideológica conservadora también hará que sean represaliados por ello en tiempos de la Guerra Civil.

El proceso de segregación de Peal de Becerro con respecto a Cazorla fue retomado por los notables pealeños a partir de 1845. Estos se remi-

---

[7]Mata Carmona, Juan Carlos. *Op. Cit.* p. 255

tieron a la Real Orden de 11 de octubre de dicho año por la que se aprobaba la división de términos y fondos públicos entre Cazorla, La Iruela y Santo Tomé. De esta legislación se desprendía que los pealeños, en torno al millar y medio, eran vecinos de Cazorla. Esta orden real, por otra parte, también reconocía la pérdida de la condición de villa en 1823 con término jurisdiccional propio, cuando Fernando VII abolió sin contemplaciones toda la legislación liberal del trienio.

Tras la presentación de la solicitud, se instó desde el Gobierno Político al alcalde pedáneo de Peal, Fernando Mendieta, a que instruyera el oportuno expediente. En él debería recoger, aparte de acreditar la utilidad y la ventaja de dicha petición, extremos como la lista nominal de los vecinos con los que se intentaba formar el nuevo Ayuntamiento, «(...) con expresión de las contribuciones directas que por todos conceptos paga cada uno o bien de su riqueza cuando no hubiere aquellas (...)[8]»,su posición topográfica, recursos propios para hacer frente a sus responsabilidades como corporación municipal, etc. Finalmente, el expediente lo redactaría el Licenciado D. Manuel Vicente, quien residía en Quesada.

[8]Mata Carmona, Juan Carlos. *Op. Cit.* p. 256

Cazorla se opuso a la emancipación pealeña en dos cuestiones fundamentales. En la incorporación de la aldea de Toya al nuevo municipio y en deshacerse de los fondos públicos que, irremediablemente, irían a engrosar las arcas de la administración municipal naciente. La oposición cazorleña hizo que la resolución del expediente se dilatara y este se presentó al límite del plazo. Finalmente se dictaba la Real Orden de 22 de febrero que el Ministerio de la Gobernación trasladaría al Jefe Político de Jaén:

«SM. la Reina se ha enterado del expediente promovido por los vecinos de Peal, Toya y cortijadas comprendidas en la parroquia de la aldea primeramente citada, en solicitud de que segregando un territorio del Ayuntamiento de Cazorla se constituya en distrito municipal y S. M conformándose con lo propuesto por VD y por esa Diputación provincial, ha tenido a bien acceder a dicha solicitud. De Real Orden lo comunico a VD. a los efectos oportunos. Dios guarde a VD. muchos años.

Madrid, 27 de febrero de 1847.[9]»

De este modo, el 5 de junio de 1847 quedaría constituida la primera corporación municipal

---

[9]Mata Carmona, Juan Carlos. *Op. Cit.* pp. 258-259.

de Peal de Becerro conformada del siguiente modo:

Alcalde-Presidente:
D. Fernando Mendieta Amador.

Regidores:
D. Blas Martínez Pinatos
D. Casiano Muñoz.
D. Juan Fernández.
D. Tomás Fernández.
D. Bernardo Villalta.
D. Miguel Heredia.
D. Tirso de Peña.
D. Juan Luis de la Torre.
D. Pedro Martínez Chillón.
D. Manuel Fernández.
D. Dámaso Marín.
Secretario: D. Juan Francisco Morillo.

Esta primera corporación municipal de Peal de Becerro se completaría con el nombramiento de Cecilio Camacho como alcalde pedáneo de Toya.

Con todo, la oposición de Cazorla continuó a la hora de ejecutar la materialización de la división territorial y de los fondos públicos. Finalmente, y tras dos años de litigio entre las corporaciones de Cazorla y Peal de Becerro, el expediente quedó aprobado por real Orden de 16 de febrero de 1849.

La sociedad pealeña en el siglo XIX. Su estructura socioeconómica.

Apuntábamos en nuestra breve nota introductoria nuestro rechazo a las tesis de la mayoría de la historiografía tradicional que presentaba al agro andaluz como un espacio socioeconómico sin apenas nervio, paralizado, al albur de la prepotencia de los grandes terratenientes y condenado a una estanqueidad esterilizante. Sin embargo, los nuevos estudios sobre el mundo rural andaluz nos muestran una realidad a menudo bien distinta[1]. En consecuencia, hay que ir desterrando la imagen recurrente, y un tanto tópica, de una Andalucía de caciques brutales entre un pueblo oprimido de ignorantes en los que aquellos utilizaban el sistema caciquil como un simple «(…) mecanismo de control de poder local, ejercido por las

---

[1]Acosta Ramírez, F.; Cruz Artacho, S.: «Democracia y mundo rural en Andalucía, 1890-1936: propuestas para la revisión crítica de algunos tópicos historiográficos». *X Congreso de la Asociación de Historia Contemporánea. Nuevos horizontes del pasado: culturas políticas, identidades y formas de representación.* Universidad de Cantabria, 2010

autoridades locales que consiguieron de este modo proteger a los grandes propietarios»[2]. Como ya hemos señalado, las nuevas aportaciones historiográficas demuestran, por ejemplo, «(...) cómo en la mayor parte de los municipios jiennenses, incluidos los de las comarcas serranas, aquellas que se encontraban más aisladas en la provincia, hubo actividad política, cultural y social de resistencia al sistema monárquico. Dos ejemplos de esto los encontramos en el Sexenio Democrático, concretamente en 1871 y a principios del siglo XX, cuando se forma la Unión Republicana de 1903. En 1871, al menos 63 municipios de la provincia contaban con un comité republicano federal (...)»[3].

Lo que también vendría a echar por tierra la proverbial pasividad y apoliticismo con que se ha caracterizado en muchas ocasiones a la gran masa del campesinado andaluz. Valga como ejemplo ilustrativo que «(...) una de las primeras manifestaciones que tuvo lugar en la provincia de Jaén durante el Sexenio Democrático congregó en Sabiote a más de 600 mujeres que

---

[2]Jaén Milla, Santiago: «Republicanismo en una sociedad agraria. Jaén (1868-1931)». *Historia Contemporánea*, nº 37, p. 474.
[3]*Ibídem*. p. 475.

solicitaban del gobierno provisional la abolición de la "inicua contribución de sangre, conocida con el nombre nefasto de quintas"»[4].

¿Pero cómo era el Peal de Becerro decimonónico? ¿Era una sociedad enclaustrada en sus tradiciones agrarias, una masa informe sin conciencia política o, por el contrario, era una comunidad —aun con su marchamo rural y tradicionalista— capaz de participar en las corrientes socioculturales y políticas de la época? Aunque con matices, como veremos, nos inclinamos a sostener que el municipio pealeño se insertaba en esta segunda dinámica.

Una de las primeras noticias que tenemos de la participación de vecinos de Peal de Becerro en las luchas políticas de la época data de 1848, con motivo del intento de pronunciamiento de los sectores progresistas contra el gobierno moderado de Narváez. *El Heraldo*[5] publicó en esa fecha un listado de adhesiones a la Reina y al gobierno en el que aparecían notorios pealeños y cuyos apellidos se harían ilustres en la vida pública del pueblo en los decenios siguientes, como los Trillo, los Zafra o los del Real. Un total

---

[4]*Ibídem*. p. 475.
[5]El Heraldo, Madrid, 16 de junio de 1848

de setenta y cinco vecinos dieron públicamente su apoyo al gobierno del espadón.

En 1891 hasta el propio Sagasta se vio obligado a intervenir para poner orden en las luchas intestinas de los liberales dinásticos pealeños: «(...) el Sr. Sagasta, ha escrito a D. Plácido Láinez, vicepresidente del Comité liberal de Peal de Becerro (Jaén), y en la actualidad presidente, por fallecimiento del que desempeñaba ese cargo, Sr. Ramos, reiterándole su absoluta confianza y desautorizando completamente el nuevo Comité que parece se ha constituido en aquel pueblo»[6]. Plácido Láinez, paradigma de notable pealeño de la época de la Restauración —y padre del futuro general Ildefonso Láinez[7]—, estuvo presente en la vida pública local por espacio de más de veinte años.

En 1895 se constituía en nuestra localidad la Junta Católico-Nacional de Peal de Becerro en presencia de los representantes provinciales de la organización, quedando como dirigente municipal en calidad de presidente efectivo D. Feliciano Marín.

---

[6]*La Iberia.* Madrid, 18 de junio de 1891. Nº 12449, p. 3.
[7]Véase Quesada Montilla, José Antonio: *Ildefonso Láinez Cruz. El general pealeño. (1858-1923). Semblanza de su vida y su tiempo.* Tugia Editores, 2021

«Acta de la Junta Católico-Nacional de Peal de Becerro.

En esta villa, á diez y nueve de Octubre de mil ochocientos noventa y cinco, reunidos en su mayor parte todos los que componen el partido Católico Nacional, se procedió a la elección de cargos y fueron elegidos los señores que a continuación se expresan: Presidente honorario "Exmo Sr. D. Ramón de Nocedal". Representantes en la provincia. "D. Emilio Mariscal, D. Manuel Piqueras y D. José de Gregorio". Representante en el distrito. "D. Juan Antonio del Águila". Presidente efectivo. "D. Feliciano Marín". Y Vicepresidente "D. Francisco Fuentes". Secretario. "D. Salvador Medel". Vicesecretario. "D. Diego Fuentes". Y vocales. "D. Manuel Zamora. D. Silverio Reche. D. Sotero Frías. D. Matías Fuentes". "Damos gracias á Dios porque ha dado lugar á que realicemos este acto que nos honra y llena de satisfacción, estando dispuestos á defender nuestra bandera tan pura como santa, pidiéndole que nos aumente nuestra decisión y fe para poder combatir a los que tanto trabajan en contra de nuestra Religión y programa, único que puede salvar al país de la situación tan crítica por que atraviesa, pues nuestro digno y decidido jefe el Exmo. Sr. D. Ramón de Nocedal insigne hombre público, es el llamado a regenerar la patria desde hace tiempo huérfana, y nosotros conformes y acatando su desinteresado programa, nos adherimos á él incondicionalmente, como fieles soldados de Nuestro Señor Jesucristo. Levantando este acta que remitimos a nuestro inmediato presidente honorario el señor D. Juan Antonio del Águila para que él la entregue a los señores presidentes de la provincia y le den su aprobación si creen conveniente, con el visto bueno del señor presidente de que yo el secretario certifico.

V.º B.º El presidente Feliciano Marín; el secretario Salvador Medel»[8].

Más tarde, esta misma organización local haría pública su adhesión a su jefe de filas a nivel nacional, D. Ramón de Nocedal:

«Esta entusiasta Junta se adhiere con alma, vida y corazón á los principios que defiende nuestro ilustre jefe D. Ramón Nocedal, cuya vida tiene consagrada para el bien de la Iglesia y defensa de nuestra sacrosanta Religión, quedando muy satisfechos del celo y fe que tiene por amor de esta desventurada nación»[9].

El carlismo también estuvo organizado en Peal de Becerro. En 1898 su Junta local estaba compuesta por D. Matías Mata Almansa (presidente), Luis Almansa Ruiz (vicepresidente),

---

[8]*El Siglo Futuro*, Madrid, 26 de noviembre de 1895. Nº 6234, p.1.

[9]*El Siglo Futuro*, Madrid, 21 de julio de 1896. Nº 6.432, p. 1.

D. Nicolás Mata Zafra (Secretario), y los señores D. Antonio Salce García, D. Manuel Fernández Ulloca, D. Manuel Almansa Mata y D. Juan Díaz Hernández como vocales.

Otra muestra del nivel de politización y de la pluralidad de tendencias ideológicas que caracterizaba a la sociedad pealeña, permeable a las corrientes ideológicas y organizativas decimonónicas, la encontramos en la participación de muchos de sus ciudadanos en las contiendas políticas que marcaban la agenda nacional. Los pealeños distaban mucho de estar compartimentados en dos únicos bloques ideológicos antagónicos. Eduardo Dato, prohombre de los conservadores tras su pugna con Maura, obtenía apoyos explícitos de significados vecinos de Peal en su campaña para la jefatura del partido[10].

En definitiva, Peal de Becerro tuvo durante el siglo XIX organizaciones políticas de todas las tendencias: liberales moderados y progresistas, republicanos federales, carlistas, conservadores y, hacia fin de siglo, socialistas y anarquistas. Sus diferentes sectores sociales —propietarios, arrendatarios, profesionales liberales, menestrales, comerciantes y jornaleros— tuvieron siempre sus espacios propios de

[10] *La Época*. Madrid, 13 de agosto de 1915. Nº 23319, p.3.

sociabilidad, ya fuera esta cultural o política, y sus cauces de expresión para sus reivindicaciones, aun en una sociedad lastrada por las prácticas caciquiles.

A pesar de los altos niveles de analfabetismo, como luego veremos, la prensa escrita también tenía interés para el ciudadano pealeño. Esta, no solo era fuente de información, sino cauce de participación activa de un sector, sin duda minoritario, de sus ciudadanos, quienes podían utilizarla tanto para expresar su fe, como el presbítero D. Domingo María Santoro[11], como sus convicciones políticas, tal y como hemos visto.

¿Pero cuál era la composición la sociedad de Peal de Becerro en el siglo XIX? Como observamos en el siguiente cuadro (insertar cuadro del libro de Peal), el pueblo experimentó un sostenido, aunque moderado crecimiento demográfico que prosiguió durante la primera mitad del siglo XX.

---

[11]*El Pensamiento Español.* Madrid, 8 de diciembre de 1863

El primer padrón de habitantes realizado en Peal de Becerro data de 1847, muy pocos meses después de que se constituyera la primera corporación municipal. Este no ofrece datos acerca de las ocupaciones de sus habitantes, pero sí el de 1857. Este padrón arroja la existencia de 23 propietarios, 83 labradores y 347 jornaleros sobre una población total de 2.138 habitantes.

En el padrón de 1873 los propietarios suponen el 4,99% sobre el total de la población activa. En el caso pealeño, estos no eran, por lo general, grandes terratenientes. Aunque la extensión de sus fincas y cortijos sí les proporcionaban las rentas suficientes para vivir holgadamente y acumular capital para otras inversiones agrarias o industriales. Durante todo el período estudiado, la clase propietaria rural apenas varió porcentualmente. Faltan, no obstante, los estudios precisos para saber si los empresarios agrarios de Peal ampliaron sus propiedades a lo largo del siglo, en qué medida y de qué modo pudieron beneficiarse de los procesos desamortizadores.

Llegados a este punto habría que hacer un inciso con respecto al papel de la mujer en el mundo laboral. Aunque los padrones municipales recogen que la inmensa mayoría no desarrolla una labor remunerada fuera del ámbito familiar, esto es, se dedica a «las labores propias de su sexo» y, por consiguiente, no computan como población activa, la realidad era que muchas de ellas participaban de las labores del campo cuando había necesidad extra de mano de obra. Asimismo, no era inusual que muchas mujeres desempeñaran intermitentemente trabajos domésticos remunerados, aunque no reconocidos, en hogares de familias con una posición económica más holgada.

En este sentido, la mayoría de las mujeres que declaraban una ocupación profesional y remunerada lo hacían en el ámbito doméstico como sirvientas, donde la presencia masculina, por otro lado, era mínima aunque no inexistente. En 1873 se recogen un total de 20 sirvientas (entre ellos un hombre). Casi el mismo número de aquellos que se declaran propietarios: 29, de los que cuatro eran mujeres.

La población dedicada a los diferentes oficios (zapateros, barberos, herreros, arrieros) representaba el 14,97%, incluidos aquí los comerciantes, profesión que iría creciendo en número a lo largo del siglo. Observamos ya en esta época el inicio del retroceso de oficios ancestrales como la alfarería o la alpargatería. Otros, en cambio, ven aumentada su demanda a medida que se crean nuevas necesidades sociales. Es el caso de los albañiles o los zapateros. Como dato concreto baste señalar que en este padrón de 1873 solo aparecía un alpargatero y, en cambio, se recogían seis zapateros. El oficio de herrero, por otra parte, seguía siendo uno de los más ejercidos por los pealeños.

El sector social mayoritario era el de los jornaleros, que en 1873 representaban el 68,15% de la población activa. Aunque su peso en la estructura socioeconómica es innegable, nos encontramos bastante lejos de esa sociedad escindida entre el señorito y el campesino pobre que mucha de la historiografía tradicional ha venido transmitiendo durante décadas dentro de una inercia discursiva reduccionista.

Los pastores suponían el 1,03% de la estructura socioeconómica, seguidos de los profesores y profesionales liberales (0,68%), y de los militares y eclesiásticos (0,51%).

En el último padrón municipal del siglo, en 1899, puede apreciarse cómo el sector de los jornaleros aún suponía más del 60% de la estructura socioeconómica (el 61,96%, concretamente), pero representaba seis puntos porcentuales menos con respecto al padrón de veinticinco años antes.

Los habitantes del Peal finisecular ocupados en distintos oficios, por otra parte, suponían ya casi una cuarta parte de la población activa del pueblo (21,78%). El auge de este sector vino motivado por un aumento moderado, pero general, de la renta disponible que incentivó la demanda de nuevos servicios especializados.

Mientras, los labradores o pequeños arrendatarios representaban el 17,88% de la estructura socioeconómica. El campesinado con tierra aumentó en el campo pealeño casi diez puntos (9,25) durante el período de la Restauración.

Finalmente, los propietarios agrícolas suponían el 4,03% en este padrón de 1899, de los cuáles el 15,62 % eran mujeres. Hay que señalar que estas mujeres seguían conservando la titularidad de sus patrimonios incluso después de casadas y, en el caso de las viudas, estas seguían gestionando sus tierras sin mayores cortapisas legales.

Instrucción Pública y alfabetización

Hasta prácticamente entrado el primer cuarto del siglo XIX, la Iglesia fue la institución sobre la que recayó la instrucción pública. Aunque su labor fue de vital importancia para paliar las altas tasas de analfabetismo, su función se limitó a una enseñanza básica de primeras letras y a la formación espiritual. Su mantenimiento dependía de la propia iglesia, de los Ayuntamientos o de los padres de los alumnos. Habitualmente se financiaban a través de las aportaciones de eclesiásticos o nobles, de herencias y donaciones y de las aportaciones dinerarias de los padres. Algunas órdenes religiosas como las de los escolapios, dominicos o jesuitas sostenían algunas escuelas gratuitas. Esta encomiable labor, no obstante, no era eficiente en términos de calidad educativa al carecerse de un *corpus* oficial y reglado de contenidos o materias a impartir y, en cierta medida, la ausencia de un profesorado profesionalmente preparado.

Las corporaciones municipales preliberales, en algunos casos, nombraban un maestro que sustentaban con fondos municipales y este impartía clases en su domicilio, como norma general.

Será con la Constitución de 1812 cuando comenzará a regularse la educación primaria haciéndola universal, pública y libre. En la nueva sociedad que se pretende construir, la educación ocupa un lugar preponderante. Es preciso contar con ciudadanos libres y responsables, convenientemente instruidos, porque la educación se percibe como un medio de progreso de la sociedad y un elemento fundamental para el correcto funcionamiento del régimen liberal que pretende establecerse.

Por el Decreto de 23 de junio de 1813 recaía en los Ayuntamientos la obligación del abono de los gastos de las escuelas de primeras letras de los llamados fondos del bien común, para hacer cumplir de este modo el art. 366 de la constitución doceañista. Toda esta incipiente legislación educativa quedó derogada en 1814 y no puedo aplicarse.

Acabado el periodo absolutista (1814-1820) trató de retomarse el proyecto de Manuel José Quintana contemplado en el *Reglamento General de Instrucción Pública* (1821) que sintetizaba la primera organización moderna de la educación. Pero la falta de recursos económicos y el nuevo golpe absolutista del rey Fernando VII en 1823 impidió que llegara a implementarse.

Para paliar el déficit educativo, el gobierno absolutista publicó el *Plan y Reglamento de escuelas de primeras letras* en 1825, que regulaba los establecimientos públicos de este nivel de enseñanza regentados, en su mayoría, por la Iglesia.

Los proyectos educativos iniciados en las Cortes de Cádiz volverían a retomarse en 1834, una vez fallecido el rey Fernando y bajo la regencia de la reina María Cristina. En 1836 se publicaría el *Plan General de Instrucción Pública* impulsado por el Duque de Rivas, donde se regulaban los tres grados de la enseñanza y sus métodos, y los establecimientos públicos y privados. Este plan mantenía los principios básicos del *Reglamento* de 1821, introducía la gratuidad de la enseñanza para los niños pobres y regulaba la creación de centros privados. El estado, siguiendo un modelo centralizado, nombraba a los maestros, señalaba los contenidos y métodos de enseñanza, determinaba los libros de texto y controlaba el funcionamiento de las escuelas a través de las comisiones y de la Inspección, pero eran los Ayuntamientos quienes tenían la obligación de mantener los edificios escolares y abonar el sueldo de los maestros.

En 1838 vería la luz el *Plan de instrucción Primaria,* conocido como Ley Someruelos. Esta ley establecía la creación de escuelas en poblaciones de más de 500 habitantes y seguía la estela, con ligeros ajustes, de los intentos legislativos liberales precedentes.

Toda esta legislación en materia educativa se materializaría durante la «década moderada», primero con el *Plan General de Estudios* de 1845, o Plan Pidal, para culminar con la primera *Ley General de Educación* en 1857, la Ley Moyano, cuyo articulado estuvo en vigor por espacio de más de cien años.

Esta longeva ley planteaba «un modelo educativo centralizado y jerarquizado en el que la dirección y la inspección de la escuela corresponde al Estado, pero impone a los municipios la obligación de financiar las escuelas. Divide la enseñanza primaria en elemental y superior, en función de las materias impartidas, siendo la enseñanza elemental obligatoria para todos los españoles; en todo pueblo de 500 habitantes habrá una escuela de niños y otra de niñas»[1]. La ley también regulaba la formación de los maestros. Estos debían contar con el título correspondiente y veinte años cumplidos para la enseñanza primaria. Para impartir clase en los parvularios bastaba con un certificado de aptitud y moralidad expedido por la Junta Local.

La norma establecía un sueldo para los maestros que oscilaba desde un mínimo de 2.500 reales al año para los docentes que impartieran clases en poblaciones de 500 a mil almas,

---

[1]Montero Pedrera, Ana María: «Los municipios andaluces y la educación, la aplicación de la legislación durante el siglo XIX». *Sarmiento*, nº 23, 2019, p. 79

caso de Peal de Becerro, hasta los 9.000 reales anuales que cobraban en Madrid. El artículo nº 192 de la ley permitía, además el sueldo establecido, que los docentes percibieran las retribuciones de los alumnos cuyos padres pudieran pagarlas. Aunque la ley contemplaba en su artículo 198 que el gobierno velaría porque a los maestros les llegara en tiempo y forma el pago de sus emolumentos y se legisló sobre ello, el retraso en el abono de sus sueldos fue una constante hasta entrado el siglo XX. Este hecho llegó a colocar al profesorado, en más de una ocasión, «(...) en una situación límite de renunciar a su profesión o de caer en manos de usureros y prestamistas que llegan a depauperar no solamente las nóminas de los maestros (...), sino también su vocación y espíritu»[2]. En 1863, un inspector de educación de la provincia de Córdoba se lamentaba en un informe dirigido al Ministerio de Fomento que el profesorado «(...) además de sufrir un atraso de seis meses en la percepción de su sueldo, que supone para ellos y para las escuelas un mal de consideración en todas las épocas ahora va a ser más aflictiva su situación, por su condición de padres que, en la época que se acerca (Navi-

---

[2]Díez García, Juan: *La educación primaria en Córdoba y su provincia desde 1840 hasta 1868*. Universidad de Córdoba. Servicio de Publicaciones, 2005, p. 204

dad), no van a poder dar a sus hijos ni el pan cotidiano en una solemnidad de tanta grandeza y alegría. En consecuencia, suplica a V. E. se sirva dar las disposiciones convenientes para que salga el profesorado de la provincia de la triste situación en que se halla»[3].

La organización de la enseñanza se articulaba en torno a la Juntas de Instrucción Pública, quienes se encargaban de los centros públicos de la Provincia y eran las responsables de su correcto funcionamiento. A nivel local, las encargadas serían las juntas locales de primera enseñanza que nombraba la corporación municipal y «(…) formadas normalmente por un presidente (el alcalde o corregidor), un secretario (del ayuntamiento), un regidor, un sacerdote y varios vocales nombrados de entre ciudadanos de prestigio»[4].

Por lo que respecta a los centros educativos de Peal de Becerro, estos carecieron siempre de un lugar estable, con cambios permanente de ubicación y, según se desprende de la lectura de las actas de plenos municipales, padecieron una falta de financiación crónica, siendo el retraso en los pagos de los alquileres de los locales una constante durante el siglo XIX.

---

[3] *Ibídem*, p. 209.
[4] Montero Pedrera, Ana María: *Op. Cit.*, p. 85.

Todavía en los años veinte del siglo siguiente, el estado material de las escuelas públicas de las zonas rurales de Andalucía dejaba mucho que desear. Así lo constataría el periodista Luis Bello tomando, entre otros, un ejemplo de una escuela de Peal de Becerro: «(...) he visitado la escuela de doña Carmen Yubera, que lleva aquí doce años. Tenía doscientas niñas en lista y daba clase diariamente a 125. ¿Dónde las colocaba? ¿De qué manera podía manejarse dentro de su pajarera? Ahora ya hay dos maestras y dos maestros; pero se los obliga a restringir la matrícula a 50. (...) Después de esperar un año el nombramiento de maestros, el pueblo, que había preparado locales, se encuentra con que no hay sitio para más muchachos. La asistencia es irregular. Los pobres necesitan a sus hijos y a sus hijas gran parte del año, aunque sean pequeños. Trabajan, Dios sabe en cuantas faenas, y por lo menos, cuidan de los más chicos, y quedándose ellos ya no está sola la casa»[5].

El analfabetismo, aunque se fue reduciendo paulatinamente, siempre presentó tasas algo más elevadas con respecto a la media nacional, y en menor medida con la media regional que, a la postre, terminó mejorando. En 1877, Peal

---

[5]Bello, Luis: *Viaje por las escuelas de España. Más Andalucía, Vol. IV*. Compañía Ibero-Americana de Publicaciones. Madrid, 1929

presentaba una tasa de analfabetos que oscilaba entre el 85% y el 92%, siendo la media regional de un 80%.

Tenemos datos más precisos en 1883, cuyo padrón municipal arroja una tasa de analfabetos del 81,09% o, lo que es lo mismo, una población alfabetizada del 18,91%. De esta población alfabetizada, 332 eran hombres y 148 mujeres. La incorporación de la mujer al sistema educativo se produjo de forma mucho más lenta que la del hombre, al considerarse socialmente que su instrucción era menos necesaria que la del varón para desarrollar en el futuro el papel fundamental para la que estaba destinada: el ser madres y esposas.

Al finalizar el siglo, Peal de Becerro había reducido su tasa de analfabetismo al 70,93%, lo que suponía una población alfabetizada de casi el 30%. De la población alfabetizada en 1899, 586 eran hombres y 312 mujeres. Comparado con la media regional en 1900, que registraba una tasa de analfabetismo de 73,87%, nuestra localidad se situaba en casi tres puntos por debajo.

Con respecto a la media provincial, los datos eran aún más favorables, ya que la tasa de analfabetismo se situaba en un 80,29% en este ámbito al despuntar el siglo. Si bien hay que tener en cuenta que esta cifra terrible se veía agravada por tasas de analfabetismo superiores al 90% entre las poblaciones serranas de Segura, Cazorla y áreas de Sierra Morena.

Onomástica

Acercarse al estudio de «(...) la onomástica de una población es una manera de acercarse al conocimiento de algunos elementos característicos de su mentalidad colectiva y a su evolución en el tiempo y en el espacio»[1]. Es, sin ningún género de dudas, un elemento más de su patrimonio cultural, cuyo interés cobró auge a mediados del siglo XIX al compás del progreso de la ideología nacionalista.

Desde la más remota antigüedad, el hombre se ha servido de un nombre específico para diferenciarse de sus congéneres. Con la evolución cultural de las sociedades, el nombre impuesto u otorgado tendrá un marcado carácter simbólico y, generalmente, religioso. Se pretende, en cierto modo, que su significado sirva de modelo u orientación espiritual al *bautizado*.

La mayoría de los estudios en esta materia creen que, en los orígenes, el nombre era absolutamente original y único. Pero a medida que

[1]Ballesteros Díez, J. A.: «Onomástica y mentalidades en el siglo XVI». *Espacio, tiempo y forma. Serie IV, Historia moderna*, 17, 2004, p. 31.

se generaron sociedades más complejas y las generaciones fueron sucediéndose devino imprescindible repetir los nombres: es lo que en España denominamos «nombre de pila» y supone, como hemos señalado más arriba, un importante elemento para conocer las mentalidades de cada época y las diferentes estructuras familiares.

Tradicionalmente, el patrimonio onomástico español se ha conformado a partir de tres fuentes originarias: la latina, común en los hispanorromanos; la germánica, implantada por los visigodos; y la judía, derivada de la tradición bíblica y religiosa. A estas tres fuentes principales se puede añadir algunos nombres de la etimología griega, como Basilio o Gregorio. La onomástica musulmana careció de arraigo entre los cristianos, salvo entre la población mozárabe de época medieval, por lo que sus nombres no pervivieron.

Durante los primeros tiempos de la Reconquista, a pesar de las escasas y fragmentarias fuentes de las que se disponen, los estudios parecen indicar que existía «(...) una clara diferenciación entre la onomástica de la masa popular y la de las clases elevadas. Efectivamente los individuos del pueblo llano ostentan nombres típicamente latinos, como Cayo, Mario, Antonino, Honorio, Juliano, en los varones, o Aurea, Marcela, Marina, Julia o Faustina entre las mujeres, y sin embargo la familia real y los magnates, utilizan nombres típicamente germánicos; así los varones se llaman Nuño, Gutierre, Rodrigo, Alfonso, Vermudo, Ramiro, Fruela, Gonzalo, Hermenegildo, etc. y las mujeres Gontrodo, Froiliuba, Hermesenda, Adosinda, Elvira, Muniadomna o Leodegundia. Nombres estos últimos que, aunque nos cueste creerlo, eran utilizados por las más distinguidas damas de aquel tiempo. (...) lo más usual, lo que hoy podríamos calificar de lo elegante de la época, era ostentar nombres de este origen»[2].

Sin embargo, ya en la Baja Edad Media, todo el patrimonio onomástico se ha mezclado entre la población y resulta imposible distinguir el origen geográfico y el estatus social de un individuo por el simple análisis de su nombre. Ello es debido al progresivo abandono de los primitivos nombres hispanorromanos en favor de los nombres germánicos y vasco-navarros. De hecho, «(...) todos los patronímicos hoy existentes, que son el reflejo exacto de los nombres de pila utilizados en los siglos XIV y XV, están únicamente compuestos sobre los primitivos nombres godos o vascos, es decir: Fernández, Gutiérrez, Álvarez, Ramírez, González, Muñoz, Sánchez, López, García, Díaz, etc.»[3].

---

[2]De Salazar y Acha, Jaime: «La onomástica como elemento del patrimonio cultural». *Revista de la CECEL*, nº 8, 2008, pp. 41-42.
[3]*Ibídem*, p. 43

A partir del siglo XVI, los usos onomásticos presentan un sensible cambio. Sobre la tradición familiar influirán, a partir de esta época, las devociones populares, concretamente los nombres de los santos patronos de cada localidad, y las advocaciones marianas, que comienzan a multiplicarse.

A partir del siglo XIX, a esta costumbre se le añadirá, como resultado de la explosión demográfica y ante la problemática de encontrar nombres nuevos que no estén siendo utilizados en la familia, la costumbre de imponer al infante en el bautismo el nombre del santo correspondiente a ese día. Según de Salazar y Acha, este es «(...) el origen de que los nombres de los niños del ámbito rural hayan sido hasta hace poco tiempo bastante distintos al de las familias de clase acomodada»[4].

Por lo que respecta al Peal de Becerro decimonónico podemos ya adelantar que, en materia onomástica, se ciñó al santoral católico de forma ortodoxa. También podemos ir desterrando ya la idea de que entre nuestros tatarabuelos y antepasados abundaban los nombres como Atanasio, Romualdo, Ambrosio, Abundia o Petronila. Estos se imponían, pero eran ciertamente muy minoritarios.

---

[4] *Ibídem.* p. 49.

En el primer padrón como municipio independiente, en 1847, los nombres más impuestos entre los hombres son, por este orden, Antonio, Francisco, Juan, Pedro y José, seguidos, ya muy lejos, por Fernando, Alfonso y Tomás. Como vemos, nombres bastante comunes incluso hoy en día. Por supuesto hay algún Higinio, Agapito o Tiburcio. Estos últimos nombres, presentes durante todo el período, serán siempre poco impuestos entre los bautizados pealeños.

En relación con las mujeres de 1847, el nombre más impuesto será María. Y adelantemos ya que lo será siempre durante todo el período estudiado, bien en solitario o como primer nombre, reflejo de la intensa y tradicional devoción del pueblo a la Virgen María[5]. En este año, los

---

[5]En los últimos tiempos la llamada «historiografía feminista(sic)» ha venido sosteniendo que tras este fenómeno se «(…) esconde un hecho histórico como la ocultación y degradación de la mujer, pues al manifestar que todas se llaman igual, se está restando y minimizando su papel como persona individual y eliminándola de los sistemas identificativos al denominar a todas igual, imposibilitando la distinción entre ellas. Es decir, se reduce la importancia y el derecho a la identificación e individualización de cada una de estas mujeres». González López, Tamara: «Entre la innovación y la tradición: aproximación a la onomástica femenina desde la jurisdicción de Eiré (Lugo)». *XI Congreso virtual sobre Historia de las Mujeres* (15 al 31 de octubre de 2019). Comunicaciones -399-, p. 2. Lo que esta *corriente de pensamiento*(sic) no explica es

nombres femeninos más populares tras María serían Josefa, Francisca y Antonia; y ya muy lejos Isabel, Manuela, Juana y Dolores.

Según el libro de inscripción de nacimientos del año 1871 del Registro Civil de Peal de Becerro el nombre más impuesto entre los varones fue el de Antonio, seguido de José, Pedro, Fermín y Norberto. Hubo también un Casildo, un Cleto y un Simplicio, nombres poco habituales, sin que faltara algún Felipe, Santiago, Gregorio o Julián. Entre las damas, y tras María, los nombres más populares fueron Juana, Francisca, Dominga, Águeda e Isidora. Hubo alguna Eleuteria y una Pancracia, como también una Consuelo, una Manuela o una Dolores entre otros tantos nombres que no reproducimos.

Al año siguiente, en 1872, el nombre que más se impuso entre la población masculina fue Juan, seguido de Antonio, José, Manuel, Santiago, Sebastián, Lorenzo y Adrián. La popularidad de estos tres últimos supone una peculiaridad con respecto a tiempos precedentes. Entre las mujeres: María, con mucha diferencia con respecto a Juana, Petra y Dolores.

---

qué motiva a un matrimonio a invisibilizar a una de sus hijas respecto de otras. Y tampoco aclara, que este modesto historiador sepa, cuál sería el listado de nombres aceptablemente *visibles*.

Hubo entre las damas de este año una Petronila, una Longina y una Severina, junto con una Ana, una Encarnación, una Josefa, etc…

El año de la Primera República, 1873, los nombres más populares entre los varones fueron Juan y Manuel, con siete imposiciones cada uno, seguidos de Francisco y Fernando. Entre la población femenina María, Encarnación, Ana y Gregoria.

En 1874, Juan, seguido de Antonio, Francisco, Manuel y Tomás para los hombres. Y María, Antonia, Encarnación, Carmen, Vicenta, Ana e Isabel para las niñas.

En 1875, Francisco fue el nombre más impuesto en los niños, seguidos de Antonio, Domingo (hasta cuatro niños se registraron con ese nombre), José y Juan. Entre las niñas destacó Juana, con cinco registros, Ana y Carmen que acompañaron a María como nombres más populares.

Reseñemos sin más comentario los años siguientes:

1876: Juan, Manuel, Antonio y Julián para los hombres; María, Juana, Josefa, Francisca y Blasa para las mujeres.

1877: Juan, Francisco, Manuel y Antonio para los varones; María, Juana, Francisca y Manuela para las hembras.

1878: Juan, Pedro, Antonio y Manuel para los varones; María, Francisca, Josefa y Ramona para las hembras.

1879: Manuel, Juan, Pedro y Antonio para los varones; María, Manuela, Josefa y Francisca para las hembras.

1880: Juan, Manuel, Francisco y Pedro para los varones; María, Francisca, Manuela y Antonia para las hembras.

1881: Antonio, Juan, Manuel y Pedro para los varones; María y Juana para las damas. Este año, curiosamente, ningún nombre femenino se repitió, excepto los dos señalados.

1882: Juan, Antonio, Manuel, Francisco y Timoteo (hasta tres bautizados con este último nombre no demasiado habitual) para los varones; María, Trinidad, Úrsula y Joaquina para las damas.

1883: Juan, Antonio, Francisco y Manuel para los varones; María, Juana, Manuela y Francisca para las niñas.

1884: Juan, Manuel, Pedro y Antonio para los hombres; María, Francisca, Ana y Josefa para las mujeres.

1885: Manuel, Antonio, Juan, Francisco, José y Tomás para los hombres; María, Juana, Joaquina y Francisca para las mujeres.

1886: Juan, Manuel, Antonio y Francisco para los hombres; María, Juana, Ramona y Encarnación para las mujeres.

1887: Antonio, Francisco, José, Juan e Ildefonso para los hombres; María, Josefa, Juana y Trinidad para las señoras.

1888: Juan, Antonio, Pedro y Manuel para

los hombres; María, Antonia, Francisca, Juana y Brígida para las mujeres.

1889: Juan, Antonio, Francisco, José y Pedro para los hombres; María, Antonia y Encarnación para las mujeres.

1890: Juan, José, Francisco y Luis para los hombres; María, Encarnación y Francisca, seguidos de Manuela, Isabel, Dorotea y Gerónima para las mujeres.

1891: Antonio, Juan, José y Francisco para los varones; María, Encarnación y Dolores, seguidos de Antonia, Juana, Carmen y Dolores para las mujeres.

1892: Juan, Antonio, José y Pablo para los varones; María, Juana, Francisca, Manuela y Encarnación para las damas.

1893: Juan, Antonio, José, Manuel y Francisco para los hombres; María, Encarnación, Juana y Francisca para las mujeres.

1894: Juan, Antonio, Francisco, José y Pedro para los hombres; María, Encarnación, Juana, Manuela y Francisca para las mujeres.

Vemos en el período estudiado que el nombre más popular entre la población masculina fue Juan, de origen semita, seguido de Antonio, de raíz latina. Entre las mujeres el nombre preferido, con una afección muy por encima de cualquier otro, fue el de María, utilizado ya en solitario, ya como el inicial de un nombre compuesto (María Encarnación) o acompañando al nombre de pila (Encarnación María). Descontando esta manifestación de fervor mariano en la onomástica, los nombres que más se imponían a las niñas pealeñas del XIX eran Juana, Francisca y Antonia. El nombre de Encarnación, cuya virgen es la actual patrona de la localidad, empezó a ganar terreno en las preferencias onomásticas de las familias pealeñas a partir de la última década del siglo.

Curiosamente, si comparamos los gustos onomásticos de la sociedad pealeña del siglo XIX con los de la sociedad actual, estos no parecen haber variado sensiblemente. A fecha de 1 de enero de 2022, los nombres más impuestos en Peal de Becerro según el Instituto de Estadística y Cartografía de Andalucía son Mari Carmen, Encarnación y María para las mujeres; y Antonio, Manuel y Francisco para los hombres.

En conclusión, la onomástica pealeña decimonónica se asentó sobre los pilares de origen latino y bíblico —y en mucha menor medida sobre la aportación germánica o visigoda— y se articuló, fundamentalmente, en torno a al santoral católico tradicional en España desde el siglo XVI.

APÉNDICE DOCUMENTAL

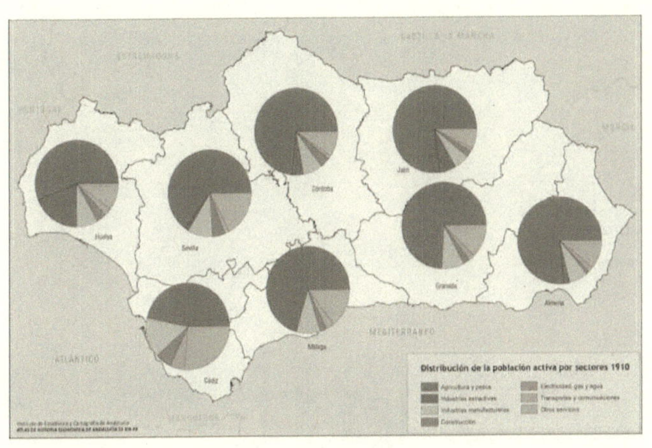
Distribución de la población activa por sectores 1910

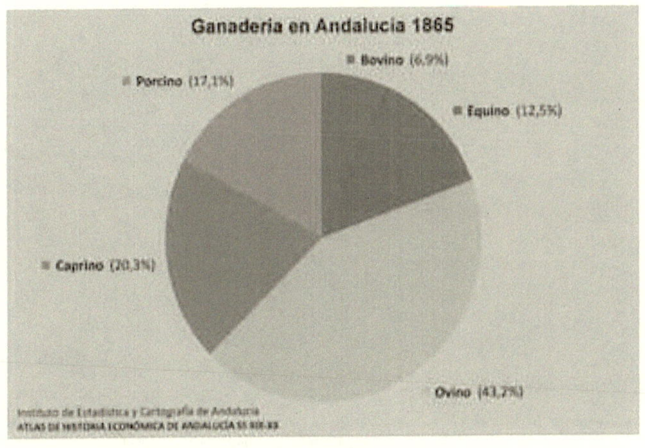
Ganaderia en Andalucia 1865
Bovino (6,9%)
Porcino (17,1%)
Equino (12,5%)
Caprino (20,3%)
Ovino (43,7%)
Instituto de Estadística y Cartografía de Andalucía
ATLAS DE HISTORIA ECONÓMICA DE ANDALUCÍA SS XIX-XX

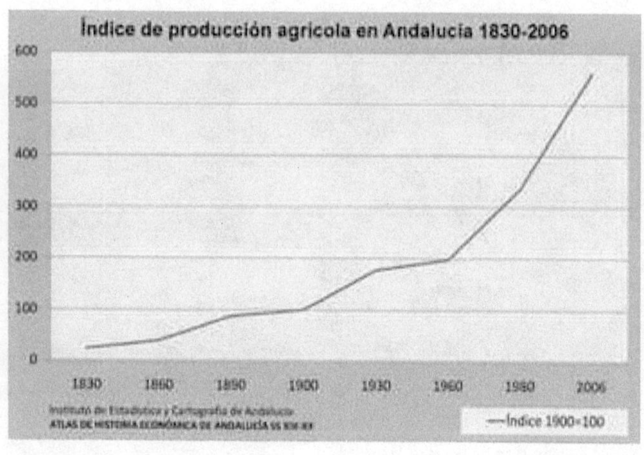
Índice de producción agrícola en Andalucía 1830-2006
600
500
400
300
200
100
0
1830
1860
1890
1900
1930
1960
1980
2006
Índice 1900=100

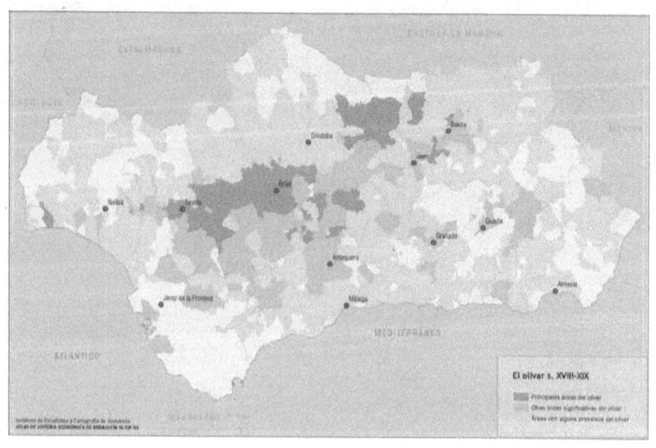
El olivar s. XVIII-XIX

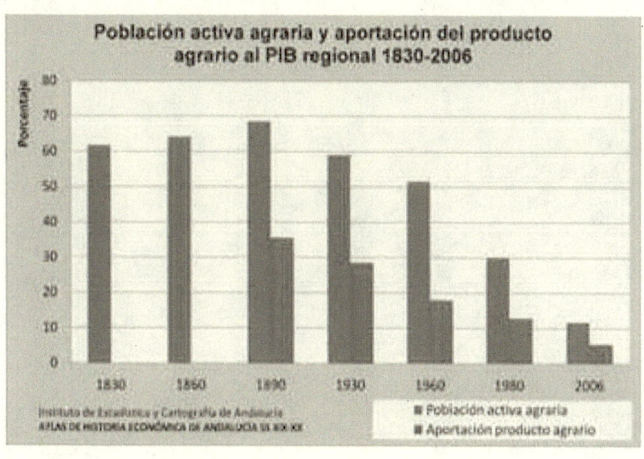
Población activa agraria y aportación del producto agrario al PIB regional 1830-2006
Porcentaje
80
70
60
50
40
30
20
10
0
1830
1860
1890
1930
1960
1980
2006
Población activa agraria
Aportación producto agrario

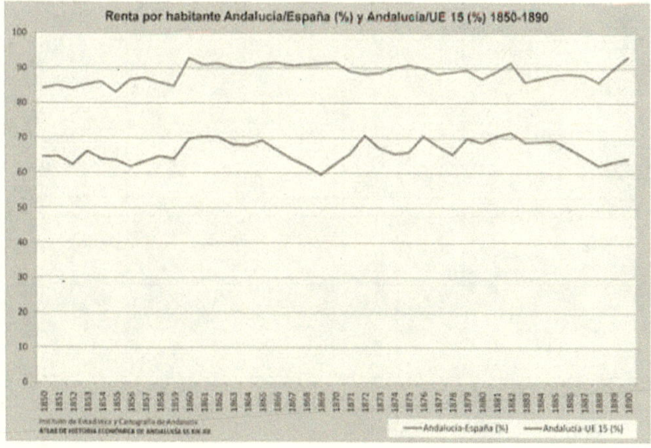
Renta por habitante Andalucía/España (%) y Andalucía/UE 15 (%) 1850-1890
100
90
80
70
60
50
40
30
20
10
0
Andalucía-España (%)
Andalucía-UE 15 (%)

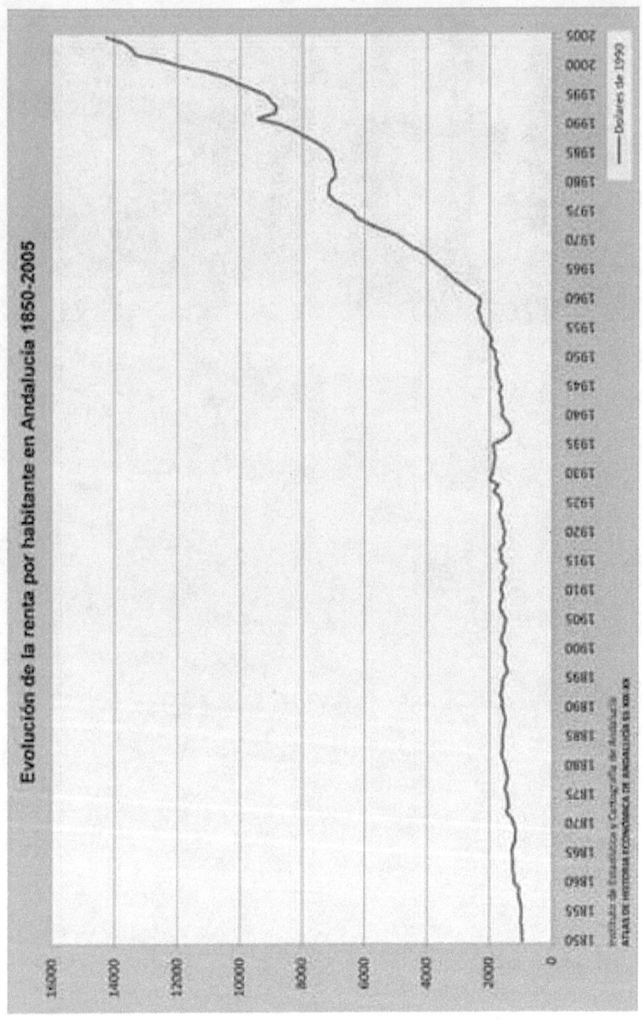
Evolución de la renta por habitante en Andalucía 1850-2005
Dolares de 1990

Tasa de analfabetismo 1877
Inferior a la media española (75%)
Inferior a la media regional (80%)
80% - 85%
85% - 92%
Superior al 92%
MEDITERRÁNEO
ATLÁNTICO

Bibliografía

-Acosta Ramírez, F.; Cruz Artacho, S.: «Democracia y mundo rural en Andalucía, 1890-1936: propuestas para la revisión crítica de algunos tópicos historiográficos». *X Congreso de la Asociación de Historia Contemporánea. Nuevos horizontes del pasado: culturas políticas, identidades y formas de representación.* Universidad de Cantabria, 2010.

-Alcalá Ibáñez, Mª Lourdes; Castán Esteban, José Luis: «La enseñanza primaria en la ley de Instrucción Pública de 1857». *Educa Nova: colección de artículos técnicos de educación*, nº 10, 2020, pp. 75-90.

-Álvarez García, Manuel; Ariza Viguera, Manuel; Mendoza Abreu, Josefa: «Aspectos de la onomástica de Ronda». *PHILOLOGIA HISPALENSIS,* nº 14, 2000, pp. 55-63.

- Ballesteros Díez, J. A.: «Onomástica y mentalidades en el siglo XVI». *Espacio, tiempo y forma. Serie IV, Historia moderna*, 17, 2004

-Bello, L.: *Viaje por las escuelas de España. Más Andalucía, Vol. IV.* Compañía Ibero-Americana de Publicaciones. Madrid, 1929)

-Bernal, A.M. y Parejo, A. «La economía andaluza: atraso y frágil vertebración», en Germán, L.; Llopis, E.; Maluquer de Motes, J. y Zapata, S. (eds.) *Historia económica regional de España siglos XIX y XX.* Crítica, Barcelona, 2001.

-Cobo, Francisco et al.: «Privatización del monte y protesta campesina en Andalucía Oriental (1836-1920)». *Agricultura y Sociedad*, nº 65, octubre-diciembre, 1992, pp. 254-255.

-Cobo Romero, F.; Ortega López M. T. (eds.): *La España rural, siglos XIX y XX. Aspectos políticos, sociales y culturales.* Granada: Comares, 2011.

-Costa Martínez, Joaquín: *Oligarquía y caciquismo como la forma actual de gobierno de España: urgencia y modo de cambiarla.* Revista del trabajo. Madrid, 1901.

-Cruz Rodríguez, María Alcázar; Sancho Rodríguez, María Isabel: «Las Escuelas Primarias de Jaén. Siglo XIX. I. Las mujeres de la provincia de Jaén en la Primera Enseñanza. De los antecedentes a finales del siglo XIX». En *VII Congreso virtual sobre Historia de las Mujeres*, eds. Manuel Cabrera Espinosa y Juan Antonio López Cordero, (Jaén: Asociación de amigos del Archivo Histórico Diocesano de Jaén 2015), pp. 125-178.

-Cuadros-Muñoz, Roberto: «Sobre la onomástica andaluza a finales de siglo XV: la aportación de los padrones». *Biblioteca Técnica de Política Lingüística*, 2015, pp. 733-747.

-Delgado Criado, Buenaventura: *Historia de la educación en España y América. Vol. 3.* Ed. Morata: Fundación Sata María, 1994.

-De Salazar y Acha, Jaime: «La onomástica como elemento del patrimonio cultural». *Revista de la CECEL*, nº 8, 2008, pp. 37-50.

------------------------------------: *Manual de Genealogía Española.* Madrid, 2006.

-Díez García, Juan: *La educación primaria en Córdoba y su provincia desde 1840 hasta 1868.* Universidad de Córdoba. Servicio de Publicaciones, 2005.

-Díaz Quidiello, J., Olmedo Granados, F. y Clavero Salvador, M.: *Atlas de la historia del territorio de Andalucía. Instituto de Cartografía de Andalucía,* Sevilla, 2009.

-García Gallarín, C.: *Los nombres de pila españoles.* Madrid, 1998, El Prado.

-García Ruipérez, Mariano: «Los Ayuntamientos españoles y la educación», *Archivo Secreto,* Nº 1 (2002): 63.

-González de Molina, M.: «Los mitos de la modernidad y la protesta campesina. A propósito de Rebeldes primitivos de Eric J. Hobsbawm». *Historia Social,* nº 25, pp. 113-157.

------------------------------: *La cuestión agraria en la Historia de Andalucía. Nuevas perspectivas.* Fundación Pública Andaluza Centro de Estudios Andaluces. Consejería de la Presidencia Junta de Andalucía, Sevilla, 2014.

-González López, Tamara: «Entre la innovación y la tradición: aproximación a la onomástica femenina desde la jurisdicción de Eiré (Lugo)». *XI Congreso virtual sobre Historia de las Mujeres (15 al 31 de octubre de 2019). Comunicaciones -399-.*

-Hernández Armenteros, Salvador: *El crecimiento económico de una región atrasada. Jaén (1850-1930).* Tesis Doctoral. Universidad de Granada, 1998.

-Hernández Díaz, José María: «Alfabetización y sociedad en la revolución liberal española». En *Leer y escribir en España. Doscientos años de alfabetización en España.* (A. Escolano Eds.). Fundación G. Sánchez Rupérez, 1992.

-Jaén Milla, Santiago: *Democracia, ciudadanía y socialización en una sociedad agraria. El republicanismo en Jaén (1849-1923).* Universidad de Jaén, 2012.

--------------------------: «Republicanismo en una sociedad agraria. Jaén (1868-1931)». *Historia Contemporánea,* nº 37, pp. 469-497.

-Lara Martín-Portugués, Isidoro: «Del Jaén de 1823. El primer sueño liberal» *B.I.E.G,* nº 140, Jaén, 1989, pp. 9-28

-López Cordero, Juan Antonio: *Jáen en el reinado de Isabel II. Las bases materiales y sociales (1843-1868).* Tesis Doctoral. Universidad de Granada, 1988.

-Lorenzo Vicente, Juan Antonio: «Claves históricas y educativas de la Restauración y de la Segunda República (1876-1936)». *Revista Complutense de Educación,* Vol. 12, nº 1, 2001, pp. 215-219.

-Lorite Pérez, María Francisca: *Breve estudio onomástico de los apellidos en Baeza.* Trabajo de Fin de Grado. Universidad de Jaén, 2021

-Mata Carmona, Juan Carlos: «Aportación documental para el estudio para el estudio de la emancipación de Peal de Becerro. Rescate de una historial local». *Elucidario,* nº 8, septiembre de 2009, pp. 251-259.

-Montero Alcaide, Antonio: «Una ley centenaria. La ley de instrucción pública (ley Moyano, 1857)». *www.revista.muesca.es. Cabás,* nº 1, junio, 2009.

-Montero Pedrera, Ana María: «Los municipios andaluces y la educación, la aplicación de la legislación durante el siglo XIX». *Sarmiento,* nº 23, 2019, pp. 71-93.

-Olivares Moreno, Ana: «La enseñanza pública de primeras letras en Jaén: (1825-1850)». *Guadalbullón: Revista de educación,* nº8, 1995, pp. 143-157.

-Parejo Barranco, A.: *Historia económica de Andalucía Contemporánea.* Síntesis. Madrid, 2009.

-Quesada Montilla, José Antonio: *De Tugia a Peal de Becerro. Aproximación a su Historia.* Ediciones Rubeo, 2019.

--: *Ildefonso Láinez Cruz. El general pealeño. (1858-1923) Semblanza de su vida y su tiempo.* Tugia Editores, 2021.

-Rivera Balboa, Blas: *Historia de la educación primaria en Jódar en el siglo XIX. La incorporación de las mujeres a la escuela. El acceso a la enseñanza primaria como maestras y como alumnas.* Tesis Doctoral. Universidad de Jaén, 2012.

-Rodríguez de Gracia, Hilario: «Vicisitudes de un maestro rural: (150 aniversario de la ley Moyano)». *Docencia e investigación: Revista de la Escuela Universitaria de Magisterio de Toledo*, nº 17, 2007, pp. 211-265.

-Ruiz Berrio, Julio: «El sistema educativo español: de las Cortes de Cádiz a la ley Moyano», en *Corrientes e instituciones educativas contemporáneas.* Ossenbach Sauter, Gabriela. 2011, pp. 93-120.

-Sánchez Blanco, Laura; Hernández Huerta, José Luis: «La educación femenina en el sistema educativo español (1857-2007)». *El futuro del pasado. Revista electrónica de historia*, nº 3, 2012, pp. 255-281.

-Sánchez Salazar, Felipa: «La presión sobre los espacios incultos y el crecimiento agrario en tierras de Jaén». *BIEG*, nº 116, pp. 211-242.

-Sanz Díaz, Federico: «El proceso de institucionalización e implantación de la primera enseñanza en España (1838-1870)», *Cuadernos de Investigación Histórica*, 4 (1980), pp. 229-268.

-Scanlon, Geraldine M.: «La mujer y la instrucción pública. De la ley Moyano a la II República». *Historia de la educación. Revista universitaria*, nº 6, 1997, pp. 193-208.

-Sevilla Merino, Diego: «La ley Moyano y el desarrollo de la educación en España». *Hespérides: Anuario de investigaciones*, nº 15, 2007, pp. 625-640.

-Tovar Pulido, Raquel: *Las mujeres en el siglo XVIII. Economía, patrimonio familiar y transmisión de la propiedad en el mediodía peninsular (Reinos de Jaén y Córdoba)*. Tesis Doctoral. Universidad de Extremadura, 20019.

-Tusell, Javier: *Oligarquía y caciquismo en Andalucía (1890-1923)*. Planeta. Barcelona, 1976.

-Vilar Pacheco, José Manuel: «La cambra de las palabras. Algunos apuntes sobre onomástica serrana (nombres propios de la sierra)». *Rehalda,* nº 13, 2010.

Fuentes archivísticas

Archivo del Registro Civil de Peal de Becerro

Padrón Municipal de 1847 (Archivo Histórico Municipal de Peal de Becerro)

Padrón Municipal de 1873 (Archivo Histórico Municipal de Peal de Becerro)

Padrón Municipal de 1884 (Archivo Histórico Municipal de Peal de Becerro)

Padrón Municipal de 1899 (Archivo Histórico Municipal de Peal de Becerro)

Prensa

El Heraldo.
La Iberia.
El Siglo Futuro
La Época
El Pensamiento Español.

Índice

www.ingramcontent.com/pod-product-compliance
Lightning Source LLC
La Vergne TN
LVHW040957150826
845672LV00002B/730

* 9 7 8 8 4 1 2 6 0 2 0 5 0 *